池上彰が解説したい！ 国民・移民・難民

1 国民って、なに？どういうこと？

監修／池上 彰　編／こどもくらぶ

はじめに

最近、「難民」という言葉がテレビや新聞をにぎわしています。とくによく聞くのが、「シリア難民」です。

2011年3月にシリアで紛争がはじまってから、すでに7年が過ぎました。2018年現在、シリアの人口の半数が家を破壊されて、600万人以上が国内で、さらに550万人以上が、UNHCR（国連難民高等弁務官事務所）により「シリア難民」として登録され、国外で避難生活を送っています。

シリア難民のほとんどが、近隣のトルコ、イラク、レバノン、ヨルダン、エジプトへ避難。レバノンでは、人口の4分の1は、シリア難民です。

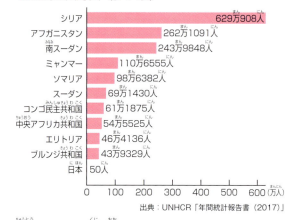

●難民の出身国（多い順）

シリア	629万908人
アフガニスタン	262万1091人
南スーダン	243万9848人
ミャンマー	110万6555人
ソマリア	98万6382人
スーダン	69万1430人
コンゴ民主共和国	61万1875人
中央アフリカ共和国	54万5525人
エリトリア	46万4136人
ブルンジ共和国	43万9329人
日本	50人

出典：UNHCR「年間統計報告書（2017）」

中東やアフリカの国が多いが、ミャンマーは日本に比較的近い東南アジアの国。

シリア難民の生活は非常に苦しく、多くの幼い子どもたちが栄養失調で死んでいきます。学校へいく年齢の子どもの半数以上が学校に通っていません。それが長いあいだ続いていて、教育を受けられずに年を重ねていく子どもが、どんどん増えています。

UNHCRの調査によると、2017年末の世界じゅうの難民の57％以上がシリア（630万人）、アフガニスタン（260万人）、南スーダン（240万人）出身でした。

ところで、2016年3月29日、サッカーの日本代表は、ワールドカップ・ロシア大会アジア2次予選最終戦でシリア代表と対戦。5-0で勝利し、1位通過を決めました。この大差の勝利に、日本じゅうが歓喜に包まれました。

しかし、シリアの選手たちの背景に、国が崩壊しているという現実があったことを知っている日本人がどれほどいたでしょうか。

2016年、オリンピック・リオデジャネイロ大会では、難民選手団が登場し、注目されました。「難民選手団」とは、IOC（国際オリンピック委員会）が難民にも出場機会をあたえようとして、この大会ではじめて結成した難民の選手団です（→3巻）。シリアやコンゴ民主共和国などの出身者で、難民として国外に逃れた選手10人が参加しました。

選手の代表100試合出場を祝福するサッカー日本代表。　写真：長田洋平／アフロスポーツ

日本国憲法など国の重要な事項を決める国会。

さて、「難民」とは、どのような人をさすのでしょう？ 多くの人が「紛争などから命を守るために自分の国を出てきた人」というように、なんとなくわかっていますが、それ以上のこととなると、よくわからないのではないでしょうか？

しかし、日本も日本人も、国際社会の一員として、難民問題に真正面から向きあっていかなければなりません。

じつは、このシリーズ「池上彰が解説したい！ 国民・移民・難民」は、もともとは「難民」とはどういう人たちで、どんな状態をいうのかなどについて考えてみようと企画したものです。

ところが、人びとが外国へいって住みつくことを「移民」といいますが、その移民と難民はどうちがうのか？ ある国の国民が外国の国民になるとは、どういうことなのか？ といった疑問は、そもそも「国民」とはなにかをしっかり理解していないと答えられません。

というわけで、このシリーズでは、次の3巻にわけて、順序立てて基礎からしっかりまとめることにしました。

❶国民って、なに？ どういうこと？
❷移民って、なに？ どうして移住するの？
❸難民って、なに？ どうして困っているの？

ぜひ、あなたには、サッカーなどの国際試合を見るとき、難民が多く出ている国について考えていただきたいと思います。そして、難民問題について、自分のできることも考えてもらえると、とてもうれしいです。

なお、日本がシリアに5-0で勝利した試合は、ある日本選手のサッカー国際Aマッチ100試合出場達成を祝って、大騒ぎとなりました。でも、それも、シリアの国情や選手たちの背景を知っているのと知らないのとでは大ちがい！ あなたには、より広い視野と知識で、ものの見方を養っていってほしいと強く願っています。

子どもジャーナリスト 稲葉茂勝
Journalist for Children

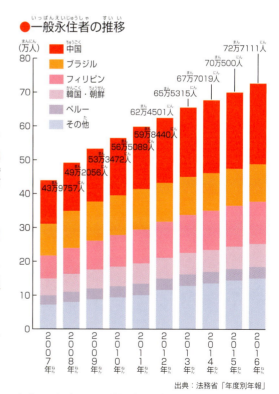

海外から日本へきた一般永住者の数は年ねん増えており、なかでもアジア圏が多い。

もくじ

1 国土・国民・政府とは? ……………6
①国際社会　②国と国家　③国家の3要素

■IS（イスラム国）は国家（国）か? ……………8
■ISとは?　■ISの特徴　■「国」とはいえないもう1つの理由

2 国と地域のちがい! ……………10
①世界の国の数　②地域

■2つの中国 ……………12
■中国・台湾の対立の歴史　■対立の背景は「東西冷戦」
■変化する中台関係　■国家の4つめの要素とは?

3 国民主権とは? ……………14
①国民主権　②近代国家の成立　③統治　④民主主義政治　⑤多数決

■独裁国家 ……………17
■「民主主義」とつく国は民主的か?　■中国は自由な国か?

●憲法って、なんだろう? ……………18

4 国際社会と国境 ……………20
①「際」という漢字　②国の領域とは?

■日本の国境 ……………22
■日本列島の北の海では　■国境問題　■日本の排他的経済水域

5 世界の大統領と首相 ……………24
①首相　②大統領　③国家主席

6 新しい国家のかたち ……………26
①EUの誕生　②EUの特徴

7 国籍をもつ人 ……………28
①国籍　②外国人　③パスポートとビザ

■用語解説 ……………30

■さくいん ……………31

この本の見方と特徴

そのページの内容を短い文でわかりやすく解説。

写真を大きく掲載！

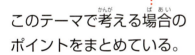

子どもだけでなく大人にも役立つように内容を精選した解説記事。

このテーマでまとめて、しっかり解説してある1ページ、または2ページのコラム。

このテーマで考える場合のポイントをまとめている。

監修の池上さんのページ。

1 国土・国民・政府とは？

現在の国際社会では、土地（国土・領土）があって、そこに住む人びと（国民）がいて、国民を代表し、ほかの国にしたがわない政府（主権）があれば、そこは、「国（国家）」ということができます。

1 国際社会

「国際社会」とは、すべての国や地域（→p30）がたがいに関係しあいながら交流している社会のことをいいます。国や地域のほか、国連（国際連合）やEU（ヨーロッパ連合）のような地域共同体（→p30）も、国際社会の一員です。また、国際社会は、国連を中心とした社会のことだともいえます。国際社会という言葉は「国内社会」に対するもので、さらに現在ではその範囲が全地球的で、全人類的となっています。

2 国と国家

「国」と「国家」という言葉には、どちらも明確な定義がありません。でも、一般的には、次のようにいわれています。

- 国：その土地の歴史や風土、文化、慣習、人種や民族、言語、政治、産業などをふくめて考える範囲の共同体。
- 国家：主権のある政治的共同体で、国より政治的な意味合いが強い。

※この本では、「国」＝「国家」としておなじ意味であつかう。

2017年末時点で日本でくらす外国人は250万人をこえた。10年前とくらべると40万人以上増えている。

日本の人口は1億2600万人以上だが、このうち130万人以上が外国でくらしている。

日本の国土は約37万8000km²。人口の多くが大都市に集中している。

３ 国家の３要素

土地（国土・領土）、人びと（国民）、政府（主権）の３つを、「国家の３要素」といいます。

「主権」とは、ほかの国のいうがままにならず（他国の支配や干渉を受けないで）、独立して国をおさめる権力をさす言葉です。

国家は、国民が安全で幸せにくらせるような政策を考え、実行する権力をもっています。たとえ、自国の国民のためであったとしても、ほかの国の安全をおびやかしたり、不利益をあたえたりすることは絶対にゆるされません。

植民地

「土地があって、人びとがくらし、その人びとを代表する政府がある」からといっても、その政府に主権がなく、ほかの国のいいなりという地域もある。また、ほかの国に支配されていたり（植民地）、第二次世界大戦前まで植民地だったりしたため、現在も自国の力だけでは国としてやっていけないので、ほかの国の保護を受けている国もある。「植民地」を辞書で引くと、「ある国からの植民によって形成された地域」「特定国の経済的・軍事的侵略によって、政治的・経済的に従属させられた地域」とある（『大辞林』）。

現在、世界には、人びとがいて、その人びとを代表する政府があっても、自分たちの土地をもっていない人びともいる。

IS（イスラム国）は国家（国）か？

ISは、もともとは国際テロ組織アルカイダ*1から派生した小さな組織でしたが、急速に勢力を拡大し、2014年6月29日、建国を宣言。国際社会に対し「国」だと名のりました。しかし、世界じゅうの国（国際社会）が、国とはみとめていません。最近はすっかり力がなくなりました。

*1 アルカイダ　中東を中心に活動するイスラム過激派の国際テロ組織。2001年9月のアメリカ同時多発テロをはじめ、数多くのテロにかかわっている（→3巻）。

■ISとは？

ISが急速に勢力を拡大した背景には、次のような事情があります。

- 2010年末から2011年にかけて、中東や北アフリカの国ぐにで、たてつづけに民主化を求める運動が発生。各国の独裁政権が次つぎに崩壊した（アラブの春*2）。
- 2011年3月、シリアでも独裁政権に対するはげしい反政府運動が発生すると、政府が武力で弾圧。まもなくあちこちで紛争が起こり、内戦状態におちいった（→「はじめに」）。
- これに乗じたのが、ISだ。イラクにあった組織だが、シリアの内戦に参加し、しだいに反政府派と対立するようになり、反政府派が支配していた地域を手に入れた。その結果、シリアでは政府軍、反政府派、ISが対立する状態となった。
- 2013年から2014年にかけて、ISはシリアから出て、元のイラクに侵攻。短期間のうちに油田地帯をふくむイラク北部を制圧した。そして、油田のほか、イラク軍がもっていたアメリカ製の最新型武器や活動資金などを手に入れ、またたくまに勢力を拡大していった。

- 2014年6月29日「イスラム国」の建国を宣言。
この建国宣言の根底にあるのは、シリアとそのまわりの地域はかつてはイスラム教徒の国だったが、その後ヨーロッパやアメリカにより分割され、現在のイラクやシリアなどの国ぐにの国境線がつくられたという歴史です。ISには、これに対する非常に強い反発があると考えられています。
しかし、ISの建国宣言に対しては、国連の安全保障理事会が2014年9月、非難声明を発表。ISの打倒に向けて、国際社会が協力して包囲網を築いていくことをうったえました。

*2 アラブの春　2010年末、チュニジアからはじまり、リビア、エジプト、シリアなど、中東やアフリカのアラブ諸国で、連鎖的に発生した民主化運動。民衆のデモや反政府派の活動により、いくつもの国で独裁政権がたおれた。

●ISの支配地域の変遷

イスラム国の支配地域の地図。2015年をさかいに支配地域は縮小していった。

ISの支配地域、2015年1月
ISの支配地域、2018年1月

■ISの特徴

イスラム過激派組織には、さまざまなものがあります(→3巻)が、ISにはほかとまったくことなる特徴があります。その1つは、「国」だと名のったことです。

ISは、武力でシリアやイラクの一部を制圧し、その土地を手に入れ、そこでくらす人びとをしたがえました。そして、ISが支配する地域に、外国からISを支持する戦闘員をどんどんよびこんできました。これも、ISの特徴の1つと考えられています(2014年時点で約80か国から1万5000人以上の外国人がISに参加したと推定されている)。

ISのやり方・手口は、自国や移住先の国に不満をもつ若者たちを対象に、ユーチューブやツイッターなどのSNS(ソーシャルネットワーキングサービス)を利用して、ISへ勧誘するというものでした。

■「国」とはいえないもう1つの理由

ISは、建国を宣言。ラッカという都市を「首都」と定めました。支配地域にくらす人びとから税金を集め、電気などのインフラを整備し、2014年11月には、独自通貨を発行し、「国」に近い状態をつくりだしました。

しかし、ISに制圧されている地域とその周辺では、シリア政府やクルド自治政府(→p30)の勢力もあり、ISに「主権」があるといえる状態ではありませんでした。また、ISの支配をゆるす人びともいますが、むしろ少数です。ISに「国民」がいるとはいえません。

それでもISが制圧した地域では、学校の授業の内容が大幅に変更され、歴史、哲学、芸術などを廃止する一方で、イスラム教の聖典である『コーラン』などを用いた思想教育を強化したり、武器のつかい方を教えたりしました。

写真：Abaca/アフロ

ISの戦闘員は2万～3万人ほどいると見られている(2018年8月時点)。そのなかには子どもも多くふくまれているといわれている。

2 国と地域のちがい！

テレビや新聞などには、「○○の国と地域が参加して〜」などという言葉がよくつかわれます。さまざまな国際会議や、オリンピックやサッカーワールドカップなどのスポーツの国際大会でもよくいわれます。

1 世界の国の数

世界の国の数は、国連加盟国数と日本が国としてみとめている数とではちがいがあります。

外務省は、2018年3月時点で196か国（日本をふくむ）と発表していますが、この数は、世界の認識とことなっているのです。

日本は、2015年5月15日に、南太平洋の島国・ニウエを国としてみとめました。これで、日本が承認した国の数は、196か国となりました。ところが、国連加盟国数は、現在193か国。なぜなら、バチカン市国、コソボ共和国、クック諸島、ニウエの4か国が国連未加盟で、逆に日本が国としてみとめていない北朝鮮は、国連に加盟しているからです。

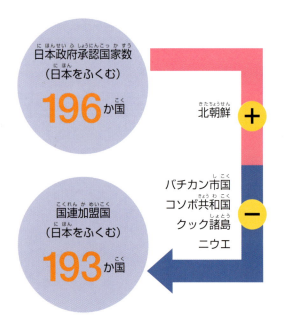

■「国・地域」と記載した新聞の実例

「ドイツ・ボンで開催中の国連気候変動枠組み条約第23回締約国会議（COP23）で7日、シリアが2020年以降の地球温暖化対策の国際枠組み『パリ協定』に署名すると明らかにした。同条約に加盟する197カ国・地域最後の参加表明」（毎日新聞、2017年11月8日）

「平昌五輪には、冬季では過去最多だった2014年ソチ五輪の88カ国・地域を上回る92カ国・地域が参加する」（朝日新聞、2018年2月9日）

❷ 地域

国際社会における「地域」とは、どんな存在なのでしょうか。

じつは、日本の近くにも、この「地域」とよばれる「国」のようなところがあります。

●台湾
「地域」の代表的なものが、沖縄のすぐ南西側に位置する台湾だ。台湾政府は、中国を代表する政府であると主張してきたが、中国大陸には、中国（中華人民共和国）があり、首都を北京としている。日本をふくめて多くの国が中国を正式な政府であると承認し、国連にも加盟している。反対に台湾は、国連には加盟できていない。「国」ではなく「地域」としてあつかわれることが多い台湾だが、スポーツの国際大会などでは、「チャイニーズ・タイペイ」という表現を使用することが増えてきた。なお、世界には、台湾を国家承認しているために、中国と国交を結んでいない国も17か国存在する（2018年9月時点）。

●北朝鮮
日本は朝鮮半島を南北に二分している南側の韓国（大韓民国）を国として承認。北側の朝鮮民主主義人民共和国は、国とみとめていない。そのため、呼称も「北側の朝鮮」の意味で「北朝鮮」とよんでいる。しかし、現在世界には、韓国と北朝鮮をともに国として承認している国もあり、実質的には二国とも国としてあつかわれている。それでも、日本は北朝鮮を「地域」としてあつかっている。

ニウエ　　クック諸島

●パレスチナ
日本はパレスチナ（パレスチナ自治政府）を承認していない。「自治政府」は、独立した国ではないが、自分たちのことを自分たちで決める権利がある程度みとめられている。パレスチナには軍隊はないが、生活の安全を守るための警察がある。パレスチナ自治政府にとって、最大の問題は、国家の3要素（→p7）のうち、土地（領土）が最終的に決まっていないことだ。それでも、現在、世界で約130か国がパレスチナを国としてみとめている。

●香港とマカオ
台湾は「国」であると主張しているが、中国大陸にある香港・マカオは、独立国であると主張しているわけではない。それは、どちらもイギリスとポルトガルの統治時代が続き、その後中国に返還された経緯があるからだ。それ以来、高度な自治権をもつ「地域」としてあつかわれている。

2つの中国

ここで、日本の隣国、中国と台湾を例にして「国とはなにか？」「国民とはなにか？」について、もう少しつっこんで、しっかり考えてみましょう。

■中国・台湾の対立の歴史

台湾には、領土があって、そこで人びとがくらし、その人びとを代表する政府があります。それにもかかわらず、台湾を「国」ではないと考える人たちがたくさんいます。その背景には、次に示すような中国と台湾のあいだの対立の歴史があります。

- 19世紀末から20世紀にかけて、中国大陸はヨーロッパ諸国や日本の侵略を受けた。そして約300年続いた清朝が滅亡し、1912年、中華民国が成立した。その後、第二次世界大戦中に中国大陸に攻めいった日本軍を共通の敵として、中国の2つの政党（中国国民党と中国共産党）が協力して戦った。ところがその後、両党は政策のちがいなどから対立をくりかえしてきた。
- 1945年8月、日本が第二次世界大戦に負けて、中国大陸から引きあげると、国民党と共産党の対立は一気にはげしくなり、内戦にまで発展した。
- 内戦は当初国民党が優勢だったが、経済の混乱や党の内部の乱れなどによって、しだいに国民の支持を失っていった。反対に、共産党は大地主から土地を没収して、土地をもたない農民に分配するなどの政策をおこない、国民の大部分を占める農民たちの支持を得て、勢力を拡大した。
- こうして力をなくした国民党は、中国大陸から台湾へ逃げこみ、1949年10月、内戦に勝利した共産党が中国（中華人民共和国）の成立を宣言。ところが、台湾に逃れた国民党もアメリカの力を借りて、台湾の国民党政府こそが「中国の代表」であると主張し続けた。なお、中国大陸の共産党政

台湾最大の「都市」、台北。台湾では電子・電気産業などがさかん。

府側は、台湾を国の1つの「省（領土をわける中国の行政区画）」と見なして、支配下に置こうとした。このように、中国大陸と台湾は対立してきた。

■対立の背景は「東西冷戦」

中国大陸の共産党政府と台湾に逃れた国民党政府の対立は、1954年と1958年の軍事的な争いにまで発展！

じつはこれには、アメリカが台湾の国民党政府に軍事援助や経済援助をおこなう一方、ソ連*¹が中国の共産党政府を支援するという背景があったのです。当時、ソ連をリーダーとする東側陣営と、アメリカに率いられる西側陣営とが、世界各地で対立していました。しかし、実際に戦闘することはなかったので、その状況は、「冷たい戦争（冷戦）」とよばれました。また、東側と西側が対立していたことから、「東西冷戦」ともよばれていました。

*¹ ソ連　1991年まで存在した、ロシアを中心とする連邦国家。ソビエト連邦の略。

中国の首都・北京。中国の人口は14億人以上といわれ、労働力を生かした工場での製造業がさかん。

■変化する中台関係

次は、大きな人口と広い国土をもつ中国がしだいに国際社会のなかで存在感を増してきたことから、現在にいたる中国・台湾関係のようすをまとめて見てみましょう。

- 国連は、1971年に総会で、中華人民共和国を中国の代表として正式に承認（それまで、台湾の国民党政府を中国の代表としていた）。その結果、台湾は、国連からすがたを消した。
- 日本が1972年に、アメリカは1979年に、中国と国交を結んだ。その結果、台湾は、国際社会のなかでしだいに孤立していった。
- ところが、台湾は経済面で多くの国ぐにと結びついて、じょじょに経済力を拡大。それにともなって台湾を国とみとめ、外交関係を結ぶ国も増えていった。
- 1994年にはGDP（国内総生産）*2 が2564億ドルに達し、世界で19位になった（国際通貨基金調べ）。
- 経済力をつけるにつれて、台湾ではこれまでとは反対に、中国の代表の座を共産党政府から取りかえそうと考える人が減った。そして、中国とは関係なく、独立した国家としてやっていこうと考える人たちが増えた。
- 中国は、香港（→p11）とおなじようにして、「一国二制度*3」というやり方で、中国・台湾の統一を望むと発表。しかし、台湾の当時の李登輝総統がこれを拒否した。
- 21世紀に入ると、中国と台湾の関係は、しだいに改善のきざしが見えてきた。かつての敵対関係は弱まり、経済的には協力関係が強まってきた。
- 台湾にとっては、中国のゆたかな労働力や生産力が魅力となり、また、中国にとっても、台湾の経済力や技術力が役立つようになったことから、中国と台湾の関係は、新たな段階に入っている。

*2 GDP（国内総生産） ある国の国内において一定期間（通常一年間）に生産されたものやサービスの付加価値額の総計。国内の経済活動の水準をあらわす指標となる。

*3 一国二制度 1つの国のなかに、2つの制度が共存していること。イギリスの植民地だった香港が1997年に中国に返還されるにあたり、社会主義の中国とはことなる資本主義制度がみとめられた。

■国家の4つめの要素とは？

中国と台湾のようすからもわかるように、領土があって、そこで人びとがくらし、その人びとを代表する政府があっても、国としてみとめられるとはかぎりません。なぜなら現在は、国家として成立するには4つめの要素として、「国際社会がみとめること」が問われるようになったからです。

中国は、台湾をいまだに国としてみとめていません。また、日本も中国との関係などから、台湾を承認していません。

このように「国際社会がみとめる」という意味は、あいまいです。「国とはなにか？」は、現代の複雑な国際社会のなかにあって、非常にむずかしい問題だといわざるを得ないのです。

よって、この本の主題である「国民って、なに？」についても、さまざまな視点で考えてみなければなりません。

3 国民主権とは？

6ページには、「政府（主権）」と記してあります。「主権は国民にある（国民主権）」という言葉もよく聞きます。それでは、「政府」「主権」「国民」のあいだには、どういう関係があるのでしょう。

日本の「国会議事堂」。国民の代表である国会議員が集まり、国の政治について話しあう。

1 国民主権

「主権」とは、かんたんにいえば、国をどうしていくのか、政治をどのようにやっていくのかなどを決める権利のことです。辞書には、次のように書いてあります。

❶国民および領土を統治する国家の権力。統治権。
❷国家が他国からの干渉を受けずに独自の意思決定を行う権利。国家主権。
❸国家の政治を最終的に決定する権利。国民主権。

出典：デジタル大辞泉（小学館）

このうち、国家の3要素（→p7）の1つである政府（主権）は、左記の❶にあたります。でも、❸の意味もあるため、「国民主権」と「国民」をつけていうことがあるのです。

なお、国民主権という考え方は、ヨーロッパやアメリカで、近代になってから発展してきたものとされています。

2 近代国家の成立

「国家」というものの起源は、古代エジプトや中国の古代国家、ギリシャの都市国家(→p30)などとする説もありますが、現代のような国（近代国家）がつくられたのは、17世紀ごろのヨーロッパからだとするのがふつうです。

その当時のヨーロッパでは、主権は「君主（王や皇帝）」にありました。君主は、国民の意見にはまったく関係なく、自分の考えで国の政治をおこなって、国を自由に運営していました。

ところが、イギリスで市民革命(→p30)が起こり、「権利の章典」がつくられたことで状況が大きくかわったのです。

こうした状況の変化は、イギリスだけにかぎりませんでした。ほとんどのヨーロッパの国で憲法がつくられ、主権が君主にある（君主主権）という考えが消えていき、国の政治を最終的に決める権利をもつのは国民である（国民主権）と考えられるようになりました。

3 統治

「統治」とは、国をどのようにおさめるかの方法をさす言葉です。

統治の方法には、さまざまなかたちがありますが、現在、世界の大半の国が民主主義(→p16)という方法をとっています。

権利の章典

イギリス議会が1689年に制定した法。権利宣言を王が承認し、国民と議会の権利を明確化したもので、イギリスの立憲主義(→p19)の原点となった。

イギリスの議会文書館に保存されている権利の章典の原本。

権利の章典を受け入れるウィリアム3世とメアリ2世。ウィリアム3世とメアリ2世は、前年に亡命したジェームズ2世にかわり王位についた。

写真：Mary Evans Picture Library/アフロ

4 民主主義政治

　国民主権の国では、国民が話しあって政治をおこなうのが原則です。でも、国民全員で話しあうことは、現実的にはできません。そこで、国民が代表者を選んで、その代表者が話しあって政治を動かしていく方法が考えだされました。それが「民主主義政治」です。民主主義にも、「議会制民主主義」や「大統領制」などのかたちがあります。

　なお、民主主義に対するものとしては、軍事政権をふくむ「独裁政治」があります。

- **議会制民主主義**　問題を多角的に検討できる。行政、立法、司法の三権が分立しているので、権力の相互監視ができる。首長の交代も容易。
- **大統領制**　三権のうち行政権だけを、大統領ひとりに集めた方式。優秀な人間がこの職につけば、民主主義の最大の欠点である国政運営のおそさを解消できるといわれている。

日本では権力を1つの機関に集中させず、立法権を国会に（写真右上）、行政権を内閣（左）に、司法権を裁判所（右下）に分散させるしくみがとられている。

5 多数決

　話しあいで決めるのは、時間がかかります。意見がなかなか一致しないこともよくあります。話しあいがまとまらない場合には、賛成者の多い考えを採用します。これが「多数決」です。

　民主主義の基本は多数決ですが、多数決には、少数者の権利をふみにじる危険性がつきまといます。このため、民主主義を徹底するためには、少数意見を尊重して、決まった内容を修正していく姿勢が重要だといわれています。

独裁国家

世界には、ひとりの指導者、または、1つのグループが権力をにぎり、国民に主権がない国もあります。

北朝鮮の軍事パレードのよう。建物の上の看板には「朝鮮民主主義人民共和国万歳！」と書かれている。写真：AP/アフロ

劉暁波さんの解放を求めてデモ行進をおこなう香港の人びと。劉さんは民主化運動を主導したとして2008年に逮捕され、国家政権転覆扇動罪で服役中だった。2017年にがんが見つかり、亡くなった。　写真：AP/アフロ

■「民主主義」とつく国は民主的か？

11ページにも記したとおり、北朝鮮の正式な国名は、朝鮮民主主義人民共和国です。

北朝鮮とアフリカにあるコンゴ民主共和国や、今はありませんが、かつて「東ドイツ」とよばれたドイツ民主共和国などは、名前に「民主（主義）」とついていますが、実際には、「民主主義の国」とはとうていいえない状況で、むしろ民主主義国家とは正反対の独裁国家といえます。

わざわざ「民主主義の国」と宣伝をしなければならないような国だということなのです。

■中国は自由な国か？

中国の憲法には「中華人民共和国の公民は、言論の自由、集会の自由をもっている」と書いてあります。「公民」とは、国民のことです。「言論の自由」は、自由になんでもいっていいということ。政府に対して悪口をいうこともみとめていることを意味します。また、「集会の自由」も憲法でみとめられると書いてあります。みんなが集まって政府に反対することや政府の悪口をいうことも自由であるはずなのです。

ところが、ノーベル平和賞（→p30）を受賞した劉暁波さんが、「中国を民主化すべきだ」といったために、懲役11年の刑に処せられました。1998年、中国で「中国民主党」という政党がつくられました。すると、結党関係者があいついで逮捕されました。

また、中国でインターネットで「民主化」と検索すると、なにも出てきません。そういうキーワードは検索できないように、国民がその情報を知ることができないように、国が監視をしているのです。そういった監視役を「サイバーポリス」といいます。彼らは24時間交代でインターネットの書きこみに目を光らせ、政府に対する批判が書いてあるものがあれば、すぐにそれを消します。最初の批判は、消すだけですが、いくら消しても何度も批判を書くような人のところには警察がやってくるといわれています。

これが、憲法に「言論の自由がある、集会の自由がある」と書いてある中国の実態なのです。

17

憲法って、なんだろう？

「憲法とは、国の決まりを書いたもので法律のようなものです。でも、法律といわないで、わざわざ憲法っていっているのは、法律とはちがうからです」
この言葉は、この本の監修者の池上彰が、「子ども大学かわごえ*」で、子どもたちに直接授業をおこなったときのものです。
ここでは、その授業のようすを見せてもらいます。

● 憲法違反をしてもつかまらない！

　法律をやぶると警察に逮捕されるよね。でも、憲法違反で、逮捕されることも罰金を受けることもないんだよ。

　憲法は、国の決まりだけれど、国の決まりって、なにかといわれると、その先が出てこないものなんだ。憲法と法律は、どういう関係にあるかと問われれば、「憲法の方が上」って思う人がいるね。でも、上ってどういうことかというと、出てこない！　憲法について、多くの人は、なんとなくはわかっているけれど、いざ、言葉にするとなると、正確にいえないかもしれないよ。

　でも漠然と、「国の決まりだ」というのではなく、「国会議員や総理大臣、裁判官も、さらに天皇も、すべての国民が守らなければいけないのが、国の決まり」と、具体的にいえば、きっとわかるのではないかな。

　法律と憲法は、どういうちがいがあるかや、憲法は法律よりも上であることは、どういうことかなどについても、「憲法に違反した法律はつくれない」という関係にあるといえば、わかりやすいよ。

　憲法とはなにかについては、昔からいろいろな考え方があったけれど、今は、憲法は「国の権力者（権力をもっている人）が守らなければいけないもの」という考えが、一般的だよ。

*子ども大学とは、小学生を対象に、大学教授が専門的なテーマについてやさしく教える学びの場。子ども大学はドイツで発祥し、世界に広がった。日本では、2008年に埼玉県川越市にはじめて誕生した。現在は、群馬県、神奈川県、愛知県など、全国十数か所に広がっている。

●国民が国王に対して「こういうことを守れ!」と

イギリスでは、かつて国王が絶対的な力をもっていた時代があったよ。国王の命令は絶対で、国民は、国王のいうことを聞かなければ、つかまったり、殺されたりした。

ところが、国王に勝手なことをするのをやめさせよう！ 国王でも、守るべきルールがある、といって、国民が国王に対し、「こういうことを守れ！」と示したのが、憲法だよ。でも、とても不思議なことに、イギリスには、これがイギリスの憲法だという書いたものはない。それでも、イギリスでは、これまでの歴史のなかで、国民が国王に対して、こういうことを守れというようなルールをつくってきたよ。その最初のものが「権利の章典」(→p15)というものだね。

その後、そうしたやり方がイギリス国民の常識となっていき、わざわざ紙に記した文章を残さなくてもすんだんだね。

憲法というものは、国民が守るべきものというよりは、権力者が守るべきもの。でも、現在の国際社会では、たいていの国が文章化した憲法をもっているよ。このようなやり方を「立憲主義」というよ。

日本国憲法の原本。当時の天皇と大臣の署名が書かれている。

子ども大学かわごえで講師をする池上彰。

4 国際社会と国境

国際社会は、すべての国や地域がたがいに関係しあいながら交流している社会のことをいいます。その**国や地域**は、**国境**によって区切られています。国境を尊重するのが、**国際社会の原則**です。

❶「際」という漢字

「際」という漢字の意味は、「物と物との接するところ」、つまり、「国際」は「国と国との接するところ」ということができます。

一方、国と国との接するところを「国境」ともいいます。この「国境」という言葉は、文字どおり「国と国との境」という意味ですが、少しむずかしくいうと、「国の主権がおよぶ限界」をさす言葉でもあるのです。

国境は、その国の自由にできる範囲を示し、その範囲では、ほかの国に支配されない権利をもっています（他国からの干渉を受けずに自由にできる）。

国境には、河川、山脈、湖水、海洋など自然的条件でできたものもあれば、国際条約、民族関係などにより、人が道路、経線、緯線などで画定（→p30）したものもあります。

❶アメリカとメキシコの国境にはフェンスがもうけられている。❷インドとパキスタンの国境にある唯一の検問所。❸南アメリカ大陸の中央部に位置するイグアスの滝は、アルゼンチンとブラジルの国境にある。❹北朝鮮と韓国は軍事境界線でへだてられている。

●日本の領海等概念図

出典：海上保安庁海洋情報部

2 国の領域とは？

　国が自由にできる（主権がおよぶ）範囲のことを領域ともいいます。「領域」には、土地（領土）のほか、海（領海）も空（領空）もあります。
　現在領海は、沿岸線から12海里（約22km）以内まで設定できることになっています。また、領海の外側の海にも、領海とおなじように国が自由にできる範囲があります。そこは、「排他的経済水域」とよばれています。

　上の地図は、日本の海上保安庁がつくったもので日本の領海の面積は、約43万km²、排他的経済水域は、約405万km²とされています。

もう一歩つっこんで考える！ 領海と排他的経済水域

　領海と排他的経済水域とのちがいは、領海へは外国人が自由に入ることができないのに対し、排他的経済水域には入るだけなら自由にできることなどがあげられる。その範囲は、沿岸線から200海里以内まで。外国人が排他的経済水域で勝手に漁をしたり資源開発をしたりすることはできない。

日本の国境

日本は四方を海にかこまれているので、領海の限界線が日本の国境線です。ところが、その国境線がいまだに画定していない（未画定）ところがあります。日本の領域は現在も完全には定まっていないのです。

■日本列島の北の海では

日本は、国際社会のルール（国際法）にしたがって、国境を沿岸から12海里のところと定めています。

ところが現在、「北方領土（北方四島＝択捉、国後、色丹、歯舞）」が、ロシアに占領されています。また、南樺太（サハリン）は、日本、ロシアのどちらの領土であるかが決まっていません。そのため、日本は北海道の宗谷岬沖3海里までを領海としています。

■国境問題

今日本には、北方領土のほか、日本海にうかぶ島・竹島や、南方の尖閣諸島などで、国境問題をかかえています。

● **竹島問題** 日本が自分の領土だと主張する竹島は、現在、韓国名で「ドクト」とよばれ、韓国に占領されている。

● **尖閣諸島問題** 日本は東シナ海のはずれにうかぶ無人島だった尖閣諸島を、どこの国の支配もおよんでいないことを確認した上で、1895年、沖縄県に編入することを宣言した。その際、どこの国もなにもいってこなかった。ところが、1969年に国連機関が尖閣諸島周辺に地下資源がねむっている可能性があると発表したとたんに、台湾と中国が領有権を主張しはじめた。

竹島は、島根県沖にうかぶ総面積約0.2km²の島。周辺はよい漁場となっている。
写真：The Blue House/ロイター/アフロ

尖閣諸島の風景。手前から奥に向かって、南小島、北小島、魚釣島。
写真：共同通信社／ユニフォトプレス

■日本の排他的経済水域

どんな小さな島でも、そのまわりには、排他的経済水域があります。

今、日本の排他的経済水域がせまくなる可能性があります。太平洋にうかぶ日本の島・沖ノ鳥島（日本の最南端）が、水没の危機にあるのです。もしその島が海にしずんでしまったら、それにともなって排他的経済水域も消えてしまいます。

そこで日本は、満潮時には70cmほどしか見えなくなってしまう島の護岸工事をおこない、排他的経済水域が消えるのをふせいでいるのです。

沖ノ鳥島の東小島。真ん中に少しだけ見えるのがもともとの島の部分で、島を守るためにコンクリートなどでかこむ工事がおこなわれた。

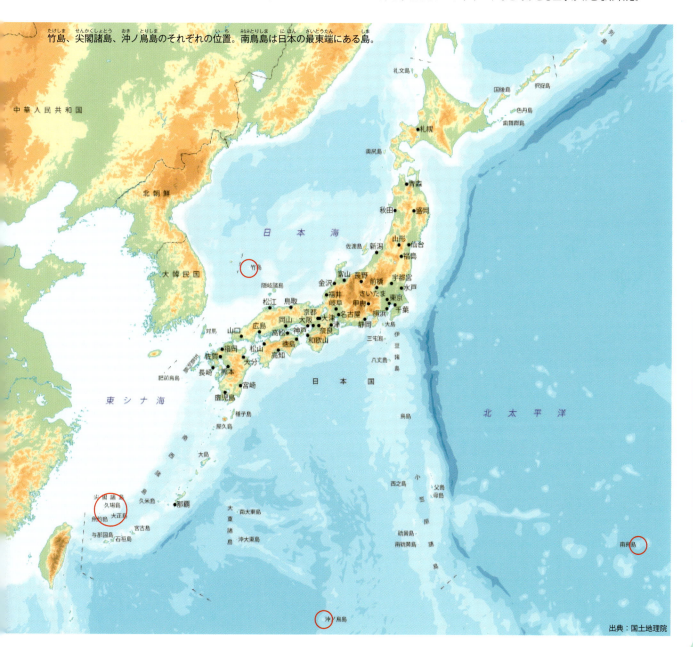

竹島、尖閣諸島、沖ノ鳥島のそれぞれの位置。南鳥島は日本の最東端にある島。

出典：国土地理院

23

5 世界の大統領と首相

国のリーダーのよび名には、いろいろなものがあります。日本やイギリスは首相、アメリカや韓国は大統領、中国では国家主席です。これは、単によび名のちがいではなく、統治の仕方のちがいによるものです。

1 首相

「首相」というよび名は、日本でもなじみがある言葉。日本にかぎらず世界には、国のリーダーを「首相」とよんでいる国が多くあります。イギリスのメイ首相やドイツのメルケル首相は、女性です。首相というのは、政府を構成する閣僚（国務大臣）のトップという意味です。日本では、正式には「内閣総理大臣」とよびます。

しかし、その立場としては、日本のように国の最高責任者という立場の国もあれば、イタリアやフランス、ロシアのように、大統領が国のリーダーとなっていて、首相はその下の立場という国もあります。また、大統領が外交政策を、首相が内政を担当するというように、役割を分担している国もあります。

なお、国民が自分たちの代表である国会議員を選んで、国会議員のなかから首相を選ぶ制度を「議院内閣制」といいます。

> **もう一歩つっこんで考える！**
>
> **日本の内閣総理大臣**
>
> 日本国憲法では、首相＝内閣総理大臣だ。首相は、国会によって国会議員のなかから指名されると書いてある。ふつうは衆議院で第一党の党首が首相に選ばれるが、過半数を占める政党がない場合には、いくつかの政党の話しあいで首相が決まる。閣僚（国務大臣）は、首相が任命することになっているが、その過半数は、国会議員のなかから選ばなければならない。

年に1回開かれるサミット（主要国首脳会議）には、先進国の首脳が参加する。写真は2018年にカナダで開かれたサミットに参加した各国首脳ら。

2 大統領

「大統領」は、共和制をとる国の行政のトップのことです。「共和制」とは、君主制（世襲→p30の王・皇帝に統治される政治）に対するもので、君主を置かない体制のことをいいます。

イギリスには、女王がいます。日本にも天皇がいるため、イギリスも日本も、共和制ではないわけです。

大統領は、国民による直接選挙で、または、国民の代表者だけで選挙をする間接選挙で選ばれるのがふつうです。

3 国家主席

中国の国家機関を代表する最高指導者を「国家主席」とよんでいます。

中国では、1949年に中華人民共和国が成立して以来、しばらく毛沢東国家主席が共産党のトップと国のトップを兼ねてきました。両方のトップを兼ねるというのは、中国が共産党の一党独裁国家だからです。中国は、憲法で中国共産党の一党独裁をみとめているのです。

写真：ロイター/アフロ

6 新しい国家のかたち

世界各地には、EUのように、いくつかの国が集まって1つの地域共同体をつくっているところがあります。EUでは、各国の議会とは別にEU議会をもうけて、各国の国民が選挙でEU議員を選んでいます。

左：ドイツ、ベルギー、オランダにまたがる地点には、三国の国旗が立てられているだけで検問所はもうけられていない。

右：EU議会はフランスのストラスブールに置かれている。議員の定数は加盟国ごとに、人口に比例して割りあてられる。任期は5年。居住する加盟国の候補者に投票するしくみになっている。

下：2018年現在、EUに加盟している国は、28か国。

1 EUの誕生

ヨーロッパでは、昔から戦争が何度も起きてきました。とくにドイツとフランスは、隣どうしなのに、あまり仲がよくなくて、何度も戦争をくりかえしてきました。ヨーロッパの人たちは、次のように考えました。

どうしてこんなに何度も戦争が起きるのか？
↓
国境線があるから戦争になるのでは
↓
国境線をなくしてヨーロッパを1つの国にしてしまえば戦争がなくなるだろう
↓
1つの国になったら、そのなかで食料は自由に売り買いができるようにしよう

でも、いきなり1つの国にすることはできません。最初はEEC（ヨーロッパ経済共同体→p30）という経済を協力する組織をつくり、それがEC（ヨーロッパ共同体→p30）になり、少しずつ準備を重ねてきた結果、EUへと発展したのです。

② EUの特徴

　今のヨーロッパでは、EUに参加している国の国民は、原則としてEU域内であれば移動にパスポート（→p29）は必要ありません。

　また、ドイツとオランダの国境線など、どこが国境線なのかよくわからない状態です。よく見ると、道路にうっすらと線が引いてあって、ここがドイツとオランダの国境線だとわかるといった程度です。

　現在では、そこにくらす、または、旅行にいく人のだれもが、国境などはまったく意識しないで自由に行き来しています。EU加盟国には、もう国境線などは、まったく関係ないわけです。

　EUができてこうした状況になる前は、さまざまなトラブルがありましたが、少なくとも第二次世界大戦後、ヨーロッパでは戦争は起きていません。

　その理由は、なにか起これば、左ページに記したように、国どうしが話しあいで解決するというしくみができていたからです。お金も共通のものにするほうが便利だということで、「ユーロ」というお金が生まれました。

　ところが、そうしたヨーロッパでも、まだまだ完全に１つになっているわけではありません。イギリスでは2016年、国民投票がおこなわれ、EUを離れることを決めました。

　このように、ヨーロッパを１つの国にしようという過程で、さまざまな問題が起きているのは確かです。

7 国籍をもつ人

「国民」とは、「その国の国籍をもつ人」のこととする考えがあり、反対にその国の国籍をもたない人を「外国人」といっています。でも、日本の国籍を取得した外国生まれの人も、外国人として見る傾向があります。

1 国籍

日本政府（法務省）では、「国籍」とは「人が特定の国の構成員であるための資格」と定めています。すなわち、その人がその国の人であると証明するものが「国籍」です。国家の3要素（→p7）の1つに国民の存在があげられています。このため現在の国際社会では、原則として世界じゅうのすべての人がどこかの国の国籍をもっていることになります。ただし、さまざまな理由で「無国籍」の人びともいます。

どの範囲の人を国民としてみとめるかは、それぞれの国で決められています。日本では、国籍法という法律で、次のように定められています。

もう一歩つっこんで考える！　日本国籍の取得

日本国籍を取得する条件には、出生、届出、帰化の3つがある。

「出生」は、①出生の時に父または母が日本国民であるとき、②出生前に死亡した父が死亡の時に日本国民であったとき、③日本で生まれ、父母がともに不明のとき、または無国籍のとき。「届出」による国籍の取得とは、一定の要件を満たす人が、法務大臣に対して「届出」をすることによって日本国籍を取得できるという制度のこと。「帰化」とは、日本国籍の取得を希望する外国人からの意思表示に対して、法務大臣の許可によって日本国籍をあたえる制度のこと。

国民にあたえられる権利は、国ごとにことなる。

2 外国人

「外国人」とは、それぞれの国で、その国の国籍をもっていない人のことをいいます。

日本では、日本国籍をもたない人を「外国人」といっていますが、それには、外国の国籍をもっている人と「無国籍者」とがあります。

> **もう一歩つっこんで考える！**
>
> **無国籍者**
>
> 世界人権宣言第15条には「すべて人は、国籍をもつ権利を有する」と書かれているが、さまざまな理由により、国籍を取得できない人＝「無国籍者」が世界じゅうに存在する。ほとんどの国では、国内で生まれると、ほぼ自動的にその国の国籍を有することになる。だが世界には、国籍をもたず、どの国からも国民としてみとめられていない人たちが、推計で1000万人もいる（UNHCRの2017年の統計）。

3 パスポートとビザ

「パスポート」とは、各国の政府が発行する「この人は自国民である」ということを証明する「身分証明書」のことです。

「ビザ」は、日本語で「査証」といいます。渡航先の国が発行する「入国してもいい」という「入国許可証」のようなものです。通常はパスポートへのスタンプやステッカーでそれをあらわします。

日本人が海外へいく場合、パスポートは、日本国民であることを証明するものですので、海外では義務として常に携帯していなくてはなりません。空港での出入国やビザの申請の際だけでなく、ホテルのチェックインのときにも必ず必要となります。

ビザには、観光・商用・就労・留学など、目的によっていくつもの種類がありますが、目的が観光で期間も短いものである場合、国によってはビザが免除される場合があります。

日本のパスポート。成人（赤色）は有効期限を5年と10年から選択できるが、未成年者（紺色）は5年のみとなっている。

用語解説

本文中の覚えておきたい用語を五十音順に解説しています。

● **EEC（ヨーロッパ経済共同体）** ………… p26
ECの前身となったヨーロッパ地域の経済統合体。1958年にフランス、ドイツ(西ドイツ)、イタリア、ベルギー、オランダ、ルクセンブルクの6か国により発足した。

● **EC（ヨーロッパ共同体）** ……………… p26
EEC、ECSC（ヨーロッパ石炭鉄鋼共同体）、EURATOM（ヨーロッパ原子力共同体）の3機関による地域経済統合体。1967年に発足した。当初はEECに加盟していた6か国のみだったが、1973年にイギリス、アイルランド、デンマークが、また1981年にギリシャが、さらに1986年にポルトガルとスペインが加盟した。加盟国内では、関税がかからず、人の移動が自由。1993年にはEU（ヨーロッパ連合）に発展した。

● **画定** …………………………………… p20
区切りなどをはっきりと決めること。未画定ははっきり決まっていないこと。

● **クルド自治政府** …………………………p9
イラクの北部にもうけられたクルド人の自治地域をおさめる政府。イラクでは、サダム・フセイン（1937〜2006年）の政権下でクルド人は徹底的な弾圧を受けていた。イラク戦争やアメリカなどに味方してフセイン政権の打倒に協力したクルド人は、自治区の設立をみとめられ、2006年に自治政府が発足した。2017年9月にはイラクからの独立投票を実施し、独立賛成多数という結果だったが、実現はしていない。

● **市民革命** ………………………………… p15
ブルジョアジー（市民階級）が起こした革命。目的は、それまでの絶対王政を打破して、市民階級が国家権力をもつこと。17世紀にイギリスで起きたピューリタン革命、18世紀のフランス革命など。

● **世襲** ……………………………………… p25
その家の地位、職業、財産などを子孫が代だい受けつぐこと。

● **地域** ………………………………………p6
国家の3要素（領土、国民、主権）がなく、独立国として承認されていない領域。日本においては、北朝鮮、台湾、パレスチナなど。

● **地域共同体** ………………………………p6
おなじ地域に居住して利害をともにし、政治・経済などにおいて結びついている人びと（または社会）のこと。国同士の国際的な連帯もふくまれる。

● **都市国家** ………………………………… p15
中心とされる市とその周辺領域からなる小規模な国家とされることが多いが、その明確な定義は定まっていない。古代ローマが代表的。

● **ノーベル平和賞** ………………………… p17
ノーベル賞の5部門の1つ。国際平和、人命・人権擁護、環境保護などに貢献した個人または団体に授与される。1901年の設立から、2017年までに131の個人と団体が受賞した。

さくいん

あ

IS（イスラム国）‥‥‥‥‥‥‥‥‥‥ 8, 9

アラブの春 ‥‥‥‥‥‥‥‥‥‥‥‥‥‥ 8

アルカイダ ‥‥‥‥‥‥‥‥‥‥‥‥‥‥ 8

EEC（ヨーロッパ経済共同体）‥‥‥ 26, 30

EC（ヨーロッパ共同体）‥‥‥‥‥ 26, 30

EU（ヨーロッパ連合）‥‥‥ 6, 26, 27, 30

イスラム過激派組織 ‥‥‥‥‥‥‥‥‥ 9

一国二制度 ‥‥‥‥‥‥‥‥‥‥‥‥‥ 13

沖ノ鳥島 ‥‥‥‥‥‥‥‥‥‥‥‥‥‥ 23

か

議会制民主主義 ‥‥‥‥‥‥‥‥‥‥ 16

北朝鮮 ‥‥‥‥‥‥‥‥‥ 10, 11, 17, 30

クルド自治政府 ‥‥‥‥‥‥‥‥‥ 9, 30

憲法 ‥‥‥‥‥‥‥‥ 15, 17, 18, 19, 25

権利の章典 ‥‥‥‥‥‥‥‥‥‥‥ 15, 19

国際社会 ‥‥‥ 6, 8, 11, 13, 19, 20, 22, 28

国民主権 ‥‥‥‥‥‥‥‥‥‥ 14, 15, 16

国連（国際連合）‥‥‥ 6, 8, 10, 11, 13, 22

国家主席 ‥‥‥‥‥‥‥‥‥‥‥‥ 24, 25

国家の3要素 ‥‥‥‥‥ 7, 11, 14, 28, 30

国境 ‥‥‥‥‥‥‥‥‥‥‥‥ 20, 22, 27

さ

サイバーポリス ‥‥‥‥‥‥‥‥‥‥ 17

GDP（国内総生産）‥‥‥‥‥‥‥‥ 13

市民革命 ‥‥‥‥‥‥‥‥‥‥‥ 15, 30

首相 ‥‥‥‥‥‥‥‥‥‥‥‥‥‥‥ 24

植民地 ‥‥‥‥‥‥‥‥‥‥‥‥‥‥‥ 7

尖閣諸島 ‥‥‥‥‥‥‥‥‥‥‥‥‥ 22

た

大統領 ‥‥‥‥‥‥‥‥‥‥ 16, 24, 25

大統領制 ‥‥‥‥‥‥‥‥‥‥‥‥‥ 16

台湾 ‥‥‥‥‥‥‥‥ 11, 12, 13, 22, 30

竹島 ‥‥‥‥‥‥‥‥‥‥‥‥‥‥‥ 22

地域共同体 ‥‥‥‥‥‥‥‥‥ 6, 26, 30

中国 ‥‥‥‥‥ 11, 12, 13, 17, 22, 24, 25

東西冷戦 ‥‥‥‥‥‥‥‥‥‥‥‥‥ 12

独裁国家 ‥‥‥‥‥‥‥‥‥‥‥‥‥ 17

都市国家 ‥‥‥‥‥‥‥‥‥‥‥ 15, 30

な

ノーベル平和賞 ‥‥‥‥‥‥‥‥ 17, 30

は

排他的経済水域 ‥‥‥‥‥‥‥‥ 21, 23

パスポート ‥‥‥‥‥‥‥‥‥‥ 27, 29

パレスチナ ‥‥‥‥‥‥‥‥‥‥ 11, 30

ビザ ‥‥‥‥‥‥‥‥‥‥‥‥‥‥‥ 29

法律 ‥‥‥‥‥‥‥‥‥‥‥‥‥ 18, 28

北方領土 ‥‥‥‥‥‥‥‥‥‥‥‥‥ 22

香港 ‥‥‥‥‥‥‥‥‥‥‥‥‥ 11, 13

ま

マカオ ‥‥‥‥‥‥‥‥‥‥‥‥‥‥ 11

民主主義 ‥‥‥‥‥‥‥‥‥ 15, 16, 17

無国籍者 ‥‥‥‥‥‥‥‥‥‥‥‥‥ 29

ら

領海 ‥‥‥‥‥‥‥‥‥‥‥‥‥ 21, 22

■ 監修／池上　彰（いけがみ　あきら）

1950年、長野県生まれ。慶應義塾大学卒業後、1973年、NHKに記者として入局。1994年から「週刊こどもニュース」キャスター。2005年3月NHK退社後、ジャーナリストとして活躍。名城大学教授、東京工業大学特命教授。著書に『ニュースの現場で考える』（岩崎書店）、『そうだったのか！　現代史』（集英社）、『伝える力』（PHP研究所）ほか多数。

■ 文／稲葉　茂勝（いなば　しげかつ）

1953年、東京都生まれ。大阪外国語大学、東京外国語大学卒業。国際理解教育学会会員。子ども向け書籍のプロデューサーとして生涯1200作品以上を発表。自らの著書は、『「戦争」と「平和」をあらわす世界の言葉』（今人舎）など、国際理解関係を中心に多数。2016年9月より「子どもジャーナリスト」として、執筆活動を強化しはじめた。

■ 編／こどもくらぶ

「こどもくらぶ」は、あそび・教育・福祉の分野で、子どもに関する書籍を企画・編集しているエヌ・アンド・エス企画編集室の愛称。これまでの作品は1000タイトルを超す。

■ 企画・制作・デザイン

株式会社エヌ・アンド・エス企画
（佐藤道弘）

■ 写真・図版協力（敬称略）

国立公文書館
国土交通省京浜河川事務所
©ARTENS, ©milatas, ©beeboys,
©ake1150, ©faula, ©sherryvsmith,
©jop244, ©jovannig - Fotolia.com,
©Elena Odareeva - 123RF,
©Eugenio, 77, ©Kimtaro,
©Frans Berkelaar, ©Mehr Demokratie

［表紙写真］Duits/アフロ
［P1写真］共同通信社/ユニフォトプレス
国民栄誉賞の盾を受けとるフィギュアスケート選手の羽生結弦さん。国民栄誉賞は広く国民に敬愛され、社会に明るい希望をあたえた人、もしくは団体に贈られる。

> この本の情報は、特に明記されているもの以外は、2018年10月現在のものです。

池上彰が解説したい！　国民・移民・難民　①国民って、なに？　どういうこと？　　　　NDC316

2018年11月25日　　　初版第1刷発行

監　修　　池上彰
　文　　　稲葉茂勝
発 行 者　喜入冬子
発 行 所　株式会社筑摩書房　　〒111-8755　東京都台東区蔵前2-5-3
　　　　　電話番号　03-5687-2601（代表）
印 刷 所　凸版印刷株式会社
製 本 所　凸版印刷株式会社

©Kodomo Kurabu　2018　　　　　　　　　　　　　　　　　32p／29cm
Printed in Japan　　　　　　　　　　　　ISBN978-4-480-86461-1　C0331

乱丁・落丁本の場合は、送料小社負担でお取り替えいたします。

本書をコピー、スキャニング等の方法により無許諾で複製することは、法令に規定された場合を除いて禁止されています。請負業者等の第三者によるデジタル化は一切認められていませんので、ご注意ください。